Tc 34/A

AVIS

SUR LES MOYENS DE CONSERVER

OU DE RÉTABLIR

LA SANTÉ DES TROUPES

À

L'ARMÉE D'ITALIE.

A PARIS,

DE L'IMPRIMERIE DE LA RÉPUBLIQUE.

Prairial, an IV.

Donner à l'armée d'Italie une marque de l'intérêt qu'elle inspire; tracer les premières notions sur la situation et les qualités physiques des contrées qui, ayant été le théâtre de sa gloire, ne doivent pas devenir celui de sa destruction; épargner ou faciliter, aux Officiers de santé de cette armée, des recherches sur les moyens, appropriés au climat et à la saison, de conserver la santé des troupes dans les camps ou de la rétablir dans les hôpitaux... tel a été, dans ces simples notes, l'objet des Inspecteurs généraux du service de santé des armées.

Sur des matières aussi importantes, ils n'ont eu, ils n'ont pu avoir ni l'intention de tout dire, ni même la prétention de n'avoir omis rien d'essentiel.

Mais s'ils en ont dit assez pour ceux qui sauront recourir aux sources précieuses dont on leur rappelle le souvenir; si dans le nombre des objets plus connus, la mention d'un seul peut tourner à la conservation des soldats de la liberté, le vœu des inspecteurs serait encore accompli!

Est quodam prodire tenus, si non datur ultra.

26 Prairial, de l'an IV.

DÉPARTEMENT DE LA GUERRE. INSPECTION GÉNÉRALE DU SERVICE DE SANTÉ DES ARMÉES.

AVIS

Sur les moyens de conserver ou de rétablir la Santé des Troupes à l'Armée d'Italie.

Du 6 Prairial, an quatrième de la République.

ON a comparé à la rapidité des conquêtes de *César*, la marche impétueuse et triomphante de l'armée française en Italie. Le général romain ne vainquit qu'après avoir vu ; sous le commandement de *Buonaparte*, la victoire précède l'observation : le militaire, entraîné par l'enthousiasme et le succès, se met au-dessus des privations. L'officier de santé, environné de traits de bravoure et de force, est tenté de croire que le courage rend invulnérable, et qu'en s'avançant à grands pas dans le chemin de la gloire, on se rend inaccessible aux influences de la fatigue, du climat et de la saison.

Telles sont sans doute les causes qui ont interrompu, depuis plusieurs décades, la correspondance des officiers de santé en chef de l'armée d'Italie, avec les inspecteurs généraux du service de santé des armées. Il eût été agréable pour

A

ceux-ci d'avoir à rendre compte au Gouvernement, ou des succès obtenus par leurs collaborateurs, ou des dispositions propres à les obtenir.

Ce sentiment ne sera pas borné à des regrets stériles. Les inspecteurs, pour entrer dans les vues du Gouvernement, et pour accomplir les intentions spéciales du Ministre de la guerre, se hâtent de présenter aux officiers de santé de l'armée d'Italie, quelques avis relatifs aux circonstances où elle se trouve. Ces avis sont le fruit de l'expérience, de la lecture et de la réflexion; ils sont dictés par l'intérêt qu'inspirent les soldats de la liberté: puissent-ils acquitter une partie de la reconnaissance qui leur est dûe !

On répète communément que les armées françaises pénètrent avec facilité en Italie, mais qu'après s'y être signalées par des exploits guerriers, elles finissent par devenir les victimes de la chaleur, et des autres influences pernicieuses du climat. Tandis que cet espoir de la malveillance s'accrédite parmi les ennemis de la République, les craintes de ses amis ne sont pas moins exagérées. On réduira ces opinions à leur juste valeur, en observant d'abord que si nos troupes ont montré dans leurs progrès plus d'impétuosité et d'intrépidité encore que du temps de Charles VIII et de François I.er, il est impossible aujourd'hui qu'aucun revers semblable à ceux qui furent éprouvés alors, puisse les atteindre. Le nombre et la force des combattans, l'habileté des généraux et les secours de tout genre, répondent de la continuation de nos succès, sans que nos troupes risquent d'être exposées ni aux fatigues des siéges prolongés, ni à des dangers aussi terribles que ceux qu'elles ont bravés au passage de l'*Adda*.

Quant à l'influence de l'air d'Italie, qu'un reste de préjugé peut faire croire si fatal aux Français, on observe,

1.° Que nos armées, et notamment celle d'Italie, ont acquis depuis six ans de guerre une force de vétérance et d'habitude qui les rend bien moins susceptibles des influences externes;

2.° Que les malades n'y sont pas, en nombre, au quart de la proportion qui a marqué nos pertes dans les premières campagnes;

3.° Que l'armée d'Italie est déjà acclimatée à une température à-peu-près la même que celle de la partie supérieure de l'Italie;

4.° Enfin, que les chaleurs de cette année ont été jusqu'ici éloignées du degré ordinaire auquel elles se portent dans la saison où nous sommes. Mais leur succession rapide, à l'époque du solstice d'été, n'en serait que plus défavorable, sans l'usage des précautions dont l'expérience a démontré l'utilité.

Quelque rassurantes que soient ces considérations, et pour les militaires, et pour le Gouvernement, rien ne peut dispenser les officiers de santé des armées de se pénétrer des principes et des obser-

(4)

vations qui doivent éclairer les conseils et les secours qu'ils sont chargés de donner aux troupes.

Pour fixer l'attention de ceux de l'armée d'Italie sur les objets les plus essentiels à leurs fonctions, il suffit,

1.° De jeter un coup-d'œil sur la situation, les productions et la température de cette partie du monde, devenue le théâtre de la gloire de nos armes ;

2.° De rappeler les précautions consacrées par l'expérience, pour préserver les troupes des influences qui pourraient déranger leur santé dans la saison et le climat où elles se trouvent ;

3.° De présenter, en peu de mots, les grands symptômes des principales maladies qu'on peut prévoir, et dont plusieurs seront inévitables, malgré les précautions indiquées ; enfin, de remettre sous les yeux des officiers de santé, la note des secours simples, mais efficaces, propres à assurer le succès de leurs traitemens dans les maladies.

NOTIONS TOPOGRAPHIQUES.

Situation géographique de l'Italie.

On sait que l'Italie est une presqu'île, placée entre le 38.° et le 46.° degré de latitude, séparée de la France, de la Suisse et de l'Allemagne, au nord, par les Alpes, bornée à l'ouest et au sud par la mer méditerranée, et à l'est, par le golfe adriatique ou de Venise.

Elle se divise en deux parties, l'une *septentrionale*, l'autre *méridionale*.

Italie septentrionale.

Cette partie comprend la plaine de *Lombardie*, situé entre les Alpes, l'Apennin et le golfe de Venise ; elle renferme plusieurs états, le *Piémont*, le *Milanez*, le *Parmesan*, le *Mantouan*, la seigneurie de *Venise*, &c.

Lombardie.

Le climat de *Lombardie* est généralement sain ; le terrain y est fertile ; il n'y a point de grandes forêts, et sa température tient plus du froid que du chaud, quoiqu'elle soit garantie des vents froids par les *Alpes*, qui la bordent dans toute sa longueur de l'est à l'ouest par le nord, tandis que l'*Apennin*, qui s'étend vis-à-vis dans la même direction, diminue l'impétuosité des vents du midi : mais le voisinage des Alpes, toujours couvertes de neige, répand dans l'atmosphère de la Lombardie un principe de fraîcheur constant et salutaire.

Température douce.

Dès le milieu du printemps, il se forme sur ces montagnes des orages qui, dans la plaine, occasionnent la perte des récoltes, et qui de là vont s'arrêter sur les Apennins, et s'y fondent en pluies abondantes ; ces pluies, ainsi que la fonte des neiges, fournissent des eaux aux rivières nombreuses qui arrosent la Lombardie, et qui débordent souvent au printemps et en automne.

Orages fréquens.

Les principales rivières qui viennent des Alpes,

sont les deux *Doires*, la *Sture*, le *Tesino*, l'*Adda*, le *Mincio*, l'*Adige*, &c.

Rivières de Lombardie. Celles qui viennent de l'Apennin sont la *Scrivia*, la *Rhenone*, la *Tidone*, la *Trebia*, &c. : celles-ci sont bourbeuses, désagréables au goût ; les autres sont claires, limpides et bonnes à boire : elles se réunissent toutes au *Pô* (le fleuve *Eridan*), qui coule de l'ouest à l'est, et va se jeter dans le golfe de Venise.

La Lombardie présente, dans toute son étendue, le spectacle de la culture la mieux entendue et la plus avantageuse.

Piémont. Le Piémont est une des parties les plus riches et les mieux peuplées : la température de l'air y est sujette à des variations qui souvent font passer **Sa température variable.** rapidement du chaud au froid, et qui sont suivies de maladies catarrhales ; souvent encore pendant l'été, lorsque les vents du midi ou du couchant durent long-temps, il règne des fièvres opiniâtres, dont le remède le plus sûr paraît être d'aller respirer l'air des Alpes.

Intempéries locales. Mais ces intempéries passagères sont sur-tout sensibles dans les lieux les plus exposés à l'action des différens vents. C'est ainsi que la ville de *Suze*, située dans une gorge étroite, au pied des Alpes, qui, en l'environnant de trois côtés, la privent des effets salutaires des vents d'est et du nord, est désolée, à la fin des étés, par des fièvres intermittentes, qui ne sont dissipées que par le froid et les pluies d'automne.

La garnison du fort la *Brunette* est encore plus exposée à ces maladies que les habitans de Suze.

Ces accidens passagers et locaux n'empêchent pas que l'air du Piémont en général ne soit d'autant plus sain, que c'est la partie la plus élevée de la Lombardie, et qu'elle est tournée à l'orient. On sait que le père de la médecine regardait avec raison cette exposition comme la plus salutaire, parce que les premiers rayons du soleil chassent de bonne heure les vapeurs malfaisantes dont l'atmosphère inférieure est chargée pendant la nuit (1). C'est ce qui établit la différence qui existe entre l'air du *Piémont* et celui du ci-devant *Dauphiné*. Ces deux contrées sont sous les mêmes latitudes et longitudes; mais le Dauphiné est dans une exposition inverse, à l'ouest, de l'autre côté des Alpes. Avantages de l'exposition l'orient.

La fertilité du Piémont est dûe à la culture, et à l'art avec lequel les eaux sont distribuées, par des canaux multipliés, dans toute la campagne; et la précaution d'entretenir libre le cours de ces eaux, assure la salubrité et la fraîcheur dans la plus grande partie de ce pays. Utilité de l'agriculture et des canaux.

Il faut en excepter les endroits où l'on cultive le riz; ce grain ne peut croître que dans l'eau, que l'on tient dans les champs toujours à une certaine hauteur. On peut donc regarder ces campagnes comme des marais, dans lesquels une grande quantité de végétaux et d'insectes croissent, meurent et se décomposent. Au mois de septembre, temps Dangers du voisinage des rizières.

---

(1) Hipp. *de aëre, locis et aquis.*   A 4

de la récolte du riz, on fait écouler les eaux de ces marais. C'est alors qu'elles répandent des exhalaisons dangereuses, qui causent des fièvres meurtrières, très-fréquentes, en cette saison, dans les environs de *Pavie*, de *Verceil*, de *Novarre*, d'*Alexandrie*, de *Lodi*, &c.

<small>Sources d'eaux minérales.</small>

On trouve dans le Piémont plusieurs sources d'eaux minérales. Les bains d'*Aqui*, dans le Mont-Férat, à dix lieues de Gènes, huit d'Alexandrie et douze de Casal, sont très-anciens ; on vante leur efficacité dans les rhumatismes et les douleurs à la suite des grandes blessures.

<small>Milanez.</small>

Le *Milanez*, fameux par les guerres dont il a été le théâtre, est un pays généralement sain : son terrain, naturellement assez gras, est bien cultivé ; les canaux, qui y sont en grand nombre, contribuent beaucoup à augmenter la fertilité du sol. Les productions de toute espèce y sont abondantes et de bonne qualité. Le climat est tempéré, mais l'air de la partie qui avoisine les montagnes est moins chaud ; et du côté du nord il se trouve plusieurs lacs qui y rendent l'atmosphère froide, brumeuse et humide.

<small>Sol gras et fertile.</small>

<small>Climat doux.</small>

<small>Utilité des eaux courantes.</small>

Autant les rivières et les canaux dont le cours est rapide contribuent à augmenter la pureté de l'air, autant les eaux qui croupissent faute de mouvement, répandent dans l'atmosphère des principes d'insalubrité (1). Cette dernière cause rend dange-

<small>Dangers des eaux stagnantes.</small>

---

(1) Laucifi, *de Noxiis palud. effluv.*
Baumes, mém. sur les effets des émanations marécageuses.

reux le séjour de la ville de *Mantoue*, située sur le milieu d'un lac formé par le *Mincio*. Ses environs sont aussi mal-sains, à cause des voisinages des marais ; et cette position peut devenir très-funeste à la fin de l'été, si des circonstances militaires forçaient à ralentir encore davantage le cours du *Mincio*, pour étendre l'inondation.

Mantouan.

Les campagnes de *Parme* et de *Plaisance* ressemblent à un jardin immense où l'art n'est employé que pour seconder la nature, qui y a prodigué sa fécondité. L'air est très-salubre, et la végétation vigoureuse contribue beaucoup à en entretenir la pureté.

Parme et Plaisance.
Fertilité, salubrité.

Le pays de *Modène* est aussi un des plus favorables à la santé. L'histoire des constitutions épidémiques que nous a laissée *Ramazzini*, prouve qu'elles n'étaient point l'effet d'une influence locale, ni dûes à l'insalubrité du sol de *Modène*, mais à diverses intempéries générales, qui exercèrent successivement leur empire sur toute la Lombardie, pendant les années 1690, 1692, 93 et 94 (1).

Modenois.

Les environs de Modène offrent quelques sources d'eaux minérales. Les bains de *Carpi*, à trois lieues de Modène et cinq de Reggio, ceux d'*Aquaria*, à huit lieues de Reggio, sont les plus anciens et les plus renommés.

Eaux minérales de Carpi, d'Aquaria.

Quoique *Bologne* soit mieux peuplée que les autres villes des États ecclésiatiques, quoique les

Bolonois.

---

(1) Bern. Ramazzini *Constitutiones epidemicæ mutinenses*.

sciences et les arts y aient été et soient encore cultivés avec succès, et que les Bolonais vantent la pureté de leur air, qu'ils préfèrent à celui de *Rome*, ils n'en sont pas moins exposés à l'influence dangereuse des eaux stagnantes, par les fréquens débordemens du *Pô*, qui, s'étendant tous les jours dans les terres basses, menace de changer en marais inhabitables, des terres autrefois très-fertiles.

<small>Débordemens du Pô.</small>

Tous les voyageurs ont dit que la gale est presque *endémique* dans le Bolonais. La mal-propreté, et les dérangemens fréquens de la transpiration dans une atmosphère humide, peuvent être la cause de cette affection. Il ne sera pas inutile de remarquer qu'à près de vingt lieues de Bologne, en allant vers les montagnes, se trouvent les bains de *Porreta* (*Balneum Porrectæ bononiense*), une des sources minérales les plus renommées d'Italie.

<small>Gale endémique.</small>

<small>Bains de Porreta.</small>

Le duché de *Ferrare* se ressent encore davantage des inondations du *Pô*. Le territoire est par-tout humide, et souvent couvert d'eau ; on y cultive du lin et du chanvre, dont le rouissage et les autres opérations qu'ils exigent, ajoutent à l'insalubrité de l'air. Les fièvres épidémiques y sont fréquentes, et la constitution faible des habitans atteste l'influence funeste du climat. On voyage difficilement dans le Ferrarais ; les routes changent de temps à autre, à cause des inondations, et l'on est obligé de s'échapper par les terres les plus élevées, dont la plupart restent inutiles, faute de bras.

<small>Ferrarais.</small>
<small>Inondation.</small>

<small>Insalubrité résultant du rouissage du chanvre.</small>

Tous les historiens ont répété que l'intempérie

des marais de *Clusium*, aujourd'hui *Chiana*, causa la perte d'un œil à Annibal, moins occupé de sa santé que de la poursuite de ses vastes projets (1).

Le *Ferrarais* présente un contraste bien singulier avec les *États* de terre ferme de la *république de Venise* : ces dernières contrées sont riches, fertiles et bien peuplées ; l'industrie et les arts y sont en honneur. Les campagnes qu'on traverse pour aller de Bergame à Venise, par Bresse (Brescia), Vérone, Vicence et Padoue, sont riantes et bien cultivées ; les eaux sont belles et pures ; et les canaux, distribués avec beaucoup de soin, y entretiennent la fertilité et la salubrité. Aussi les habitans jouissent-ils par-tout d'une bonne santé, quoique les qualités du terrain soient différentes. Il est sec et élevé, et par conséquent moins chaud et plus salubre, dans le pays de Bergame jusqu'à Vérone. La plaine qui s'étend de Bresse à Venise est d'une fertilité prodigieuse. Rien n'est plus beau que les bords du canal de la *Brenta*, de *Padoue*, jusqu'à son embouchure dans les *lagunes* de *Fusina*. Quoique le terrain soit gras dans ce canton, la culture et la végétation entretiennent par-tout la salubrité de l'atmosphère, en y répandant une grande quantité d'air pur.

États de Venise.

Contrée salubre et agréable.

Les canaux, la culture et la végétation y purifient l'air.

On compte neuf à dix sources d'eaux minérales plus ou moins fréquentées dans les États de Venise, sur-tout aux environs de Padoue. Celle appelée

Sources d'eaux thermales.

---

(1) Polybii *hist*, lib. III. *Titi Livii hist, rom.*, décade 3 liv. 2.

Balneum montis Grotti est la plus chaude, la plus active.

Salubrité de la ville de Venise. La ville de *Venise*, quoique avancée dans la mer, est un séjour assez salubre, sur-tout pour ceux qui y sont habitués. En général, la vie moyenne y est aussi longue que dans les pays élevés.

La sécheresse y paraît plus redoutable. Les excès de sécheresse et d'humidité sont pourtant aussi dangereux à Venise que par-tout ailleurs. Il semble même que l'on y redoute plus le temps sec que les pluies, à cause de la rareté de l'eau fraîche. A la fin de 1762, la sécheresse ayant dominé et duré tout l'hiver, les catarrhes et les fluxions de poitrine furent fréquentes et meurtrières, jusqu'à ce que le printemps eut ramené les vents du sud avec l'humidité et une douce chaleur.

Italie méridionale.

La partie méridionale de l'Italie est bornée par la mer de trois côtés : elle a l'Apennin pour limites, avec la plaine de Lombardie ; elle comprend la *Toscane*, les *États* dits *ecclésiastiques* et le *royaume de Naples*.

Montagnes de l'Apennin. Pour arriver de Bologne à Florence, on traverse une partie de l'Apennin par des chemins montueux et difficiles, souvent emportés par les torrens que produisent les fontes de neige. Ces montagnes, qui séparent la Toscane du Bolonais et de la province dite du *Patrimoine*, nourrissent beaucoup de bestiaux. L'air y est généralement sain en toute saison; le froid est très-sensible en hiver dans les terres hautes, où la neige se maintient assez long-temps.

La *Toscane* se fait remarquer par la beauté et la fertilité de son sol, et par la chaleur du climat. Plus l'évaporation est grande en été pendant le jour, plus le serein est redoutable pendant la nuit, sur-tout lorsque les vents du sud et d'ouest durent long-temps. Toscane.

Florence, qui en est la capitale, est située dans une plaine basse, souvent inondée par l'*Arno*. A la fin de l'automne, et pendant une partie de l'hiver, ces inondations, et les pluies abondantes qui règnent avec des brouillards épais, rendent l'atmosphère insalubre, lorsque des vents d'ouest règnent long-temps. Mais cette intempérie ne se soutient que pendant les hivers pluvieux, et seulement dans ce pays. Au retour du printemps, Florence et ses environs deviennent un séjour délicieux, qui, à raison de la fraîcheur qui y règne, de ses plantations, de ses eaux, de ses fruits excellens, conserve les mêmes agrémens en été et en automne. Florentin.
Brouillards en hiver.
Pays salubre en été.

La ville de *Pise*, au contraire, jouit d'une température si douce, si agréable en hiver, qu'on ne s'y aperçoit pas de la rigueur de la saison, à moins qu'elle ne soit très-humide. On assure que les étrangers convalescens qui souffrent de la poitrine, y trouvent un soulagement marqué; mais dès que les chaleurs commencent à se faire sentir, ils sont forcés de quitter cette ville, et de Pisan.
Température douce en hiver.
Chaleurs excessives en été.

se retirer à *Florence* ou dans les montagnes; l'intempérie du chaud devenant insupportable pour ceux qui n'y sont pas habitués. La plaine qui s'étend de *Pise* à la mer, est un séjour aussi dangereux pendant l'été. De Pise à *Livourne*, les chemins sont beaux, le terrain est coupé de bois; mais au-delà de l'*Arno* et de Livourne, il y a quelques marais. Les environs de Pise ne sont pas aussi bien cultivés qu'ils pourraient l'être, et l'on sait que ce défaut prive l'air d'un grand principe de salubrité.

<small>Livourne.</small>

<small>Eaux thermales de Pise, de Lucques, de Sienne.</small>

Ce pays présente à l'art de guérir, plusieurs sources d'eaux thermales très-fréquentées; on en trouve aussi tout près de là, sur le territoire de la république de *Lucques*, ainsi que dans les environs de *Sienne*.

<small>Siennois.</small>

L'air qu'on respire dans cette dernière ville, est encore plus vif et plus pur que celui de Florence: le terrain y est beaucoup plus élevé; la campagne, par-tout fertile et cultivée, fournit abondamment les denrées nécessaires; le pays présente les points de vue les plus variés et les plus agréables.

<small>Côtes de Toscane.</small>

Si l'on quitte l'intérieur pour parcourir les côtes de la Toscane de l'ouest à l'est par le sud, on trouve beaucoup de terres fertiles; mais la bonté de l'air ne répond pas par-tout à la douceur et à l'égalité de la température. Telles sont les villes

<small>Insalubrité de plusieurs places maritimes.</small>

de *Piombino*, d'*Orbitello*, et des autres places maritimes de ces contrées. On est obligé de changer souvent les troupes de ces garnisons,

(15)

[...] contractent des maladies qui les [...] ce sont des fièvres rémittentes et intermittentes de mauvais caractère (*mali moris*). [...] de *Porto-Longone*, dans l'île d'Elbe, présente le même inconvénient.

La *Toscane* est séparée de l'*État ecclésiastique*, par des montagnes dont la température est très-froide en hiver. La partie de cet *État* qui s'étend à l'est et au nord, l'*Ombrie*, la *Marche-d'Ancône*, le *duché d'Urbin* et une partie de la *Romagne*, ont une température très-variable. L'élévation du terrain est cause que les neiges y séjournent plus long-temps, que le froid y est plus vif ; aussi on n'y connaît ni les excès des chaleurs, ni les dangers du serein, comme dans le reste de l'Italie. La campagne en général, y est riante, et par-tout cultivée, excepté dans quelques parties des montagnes sèches et arides. {État ecclésiastique.}

Il y a dans la *Romagne* différentes sources d'eaux minérales, près de *Fayence*, de *Cesène*, de *Meldèse* et de *Forli* ; presque toutes sont thermales, et assez fréquentées. Celles de *Viterbe*, dans la province du *Patrimoine*, sont remarquables par leur grande chaleur. {Eaux minérales.}

C'est à cinq lieues d'*Ancône*, sur une montagne, à une lieue du golfe, que se trouve la ville de *Lorette*, fameuse par une église magnifique et par le nombreux concours de pèlerins qui y arrivent de toute l'Italie. {Lorette.}

Quoique Rome soit au 41.ᵉ degré 54 minutes de {Campagne de Rome.}

latitude, on y éprouve quelquefois, en décembre et en janvier, des froids piquans, par les vents du nord qui viennent des montagnes de l'*Ombrie*; il n'est pas rare même de voir de la glace sur le bord du Tibre. Mais ces vents froids durent peu; ceux d'ouest et du sud ramènent bientôt la chaleur, qui est généralement très-forte en été. Ces variations de l'atmosphère, lorsqu'elles sont rapides, produisent des affections catarrhales dangereuses; mais c'est sur-tout l'influence des marais nombreux, et le défaut de culture, qui rendent *la campagne de Rome* très-insalubre.

<small>Variations de la température.</small>

Les anciens Romains avaient senti les dangers de cette influence; et si, à différentes époques de la république, ce peuple guerrier éleva des autels à la *Fièvre*, aux déesses *Tussis*, *Méphitis* et *Cloacine*, il ne négligea cependant aucun des moyens propres à se garantir des influences dont la superstition établissait ces divinités les arbitres. *Strabon*, le plus ancien mais le plus exact des géographes, et qui s'est particulièrement attaché à la description de l'ancienne Italie, assure que, de son temps, la salubrité y était due non-seulement aux qualités naturelles du sol, à quelques parties duquel il reproche seulement des eaux stagnantes, mais aux travaux immenses relatifs aux forêts, aux aqueducs, aux routes, aux places et édifices publics.

<small>Travaux des anciens Romains pour sanifier l'air de l'Italie.</small>

<small>Aqueducs, chaussées.</small>

Varron, *Columelle*, *Palladius*, *Vitruve*, *Pline* et *Végèce* attestent et décrivent ces monumens que le travail, la force, la constance et le vrai patriotisme {{il}} avaient consacrés à la salubrité générale, et dont plusieurs sont restés inaccessibles à la main des temps. *Frontin*, qui, sous Nerva et Trajan, exerça d'une manière si distinguée la surintendance des aqueducs, nous apprend qu'aucune partie d'eau ne put passer dans la ville sans y être employée utilement (1).

Aussi ne faut-il compter les vingt-deux *pestes* qui affligèrent Rome dans l'espace de deux cents ans, que pour des *épidémies*, de graves épidémies, si l'on veut. Tite-Live, qui nous en a transmis la chronologie plutôt que les symptômes, nous donne en quelque sorte lui-même la mesure de leur gravité, en disant que, dans une année de *jeux apollinaires*, la *peste* qui avait eu lieu se propagea à la campagne, et qu'elle dégénéra en maladies plus longues que pernicieuses (2).

<small>Pestes qui ont ravagé Rome.</small>

Les gouvernemens modernes d'Italie, depuis le milieu du siècle précédent, et dans le cours de celui-ci, se sont constamment et efficacement occupés, soit d'éclaircir les forêts, soit de rétablir les anciens aqueducs et d'en pratiquer de nouveaux, de dessécher les marais, de favoriser l'écoulement des eaux stagnantes, d'opposer des digues aux inondations, si funestes à la salubrité de l'air.

<small>Travaux des savans d'Italie sur la météorologie et les épidémies.</small>

On peut même dire que c'est en Italie que les physiciens, et sur-tout les savans qui se sont

---

(1) *Comm. de aq. duct.* pag. 115.
(2) *Hist.* decad. III, lib. VII, cap.

B

consacrés à l'art de guérir, ont donné, à l'Europe, l'impulsion sur les observations des phénomènes célestes, sur l'influence utile de la végétation, et sur la liaison des épidémies aux constitutions atmosphériques. *Sanctorius*, *Baglivi*, *Ramazzini*, *Lancisi*, et de nos jours, plusieurs physiciens estimables à Milan, à Padoue, à Naples, à Florence, à Pise, ont frayé de nouveau la route des expériences salutaires ; ils ont laissé des monumens précieux dans lesquels l'art de se précautionner contre les maladies dûes à l'influence de l'air, peut trouver les préceptes et l'application des leçons déjà tracées par *Hippocrate*, dans son immortel traité de l'*air*, des *localités* et des *eaux*.

Insalubrité de la campagne de Rome.

Malgré ces réformes et ces améliorations, le climat de la campagne de *Rome* est encore un des plus insalubres de l'Italie. Les eaux négligées se rassemblent dans les terres basses, et forment de distance en distance, des marais qui, desséchés en été, donnent lieu à des exhalaisons pernicieuses.

Eaux stagnantes à Civitta-Vecchia, à Ostie.

Du côté de la mer, à *Civita-Vecchia*, cet inconvénient est très-remarquable ; mais dans le territoire d'*Ostie*, l'air est encore plus dangereux, les deux tiers de l'année. Les sables et les terres qu'entraîne le Tibre, en obstruant le canal par lequel il coule de *Porto* à la mer, tendent sans cesse à faire inonder totalement ce pays, comme nous l'avons observé du côté de *Ferrare*, par rapport au *Pô*.

Influence des Marais pontins.

Enfin, les *Marais pontins* exercent dans cette contrée une influence meurtrière, que le froid même de l'hiver interrompt à peine. Les maladies auxquelles ils donnent lieu ont été savamment décrites par *Lancisi*, dans son traité *de noxiis paludum effluviis :* c'est un des ouvrages que les officiers de santé de l'armée d'Italie doivent méditer avec le plus de soin.

La petite ville de *Tivoli* jouit toujours de la salubrité de l'air et de la bonté des eaux qui la rendirent recommandable aux anciens Romains. Son terrain, assez élevé sur une montagne qui fait partie de l'Apennin, est souvent battu des vents du nord.

Salubrité de l'air de Tivoli.

La température de *Frascati* est plus douce et aussi salubre. Il est garanti par les hauteurs voisines, qui ne laissent un libre accès qu'aux vents d'est. D'ailleurs, la culture y est très-bien soignée, comme à *Tivoli*, et contraste parfaitement avec celle de la plus grande partie de la campagne de *Rome*.

De Frascati.

Sur la côte de *Terracine* à *Gayette*, et même jusqu'au *Cap de Misène*, le terrain, quoique cultivé, n'est pas fort sain. On s'en plaint à *Fondi*, et même à *Gayette*, malgré l'élévation du sol de cette dernière place.

Le royaume de *Naples* passe, avec raison, pour la plus belle partie de l'Italie. Son climat, quoique très-chaud, est généralement salubre.

Naples.
Température chaude.

L'extrémité de cette grande presqu'île, qui s'étend de *Naples* au détroit qui la sépare de la *Sicile*, est fertile et bien peuplée. Le vin, les grains, les

Sol fertile.

B 2

Pays délicieux, dangereux pour les étrangers.

fruits, viennent en abondance et sans de grands frais de culture. L'air y est sain pour ceux qui y sont habitués. Il n'en est pas de même pour les étrangers qui se livrent trop à l'intempérance et à la jouissance des avantages de ce pays délicieux en comparaison des régions de l'Europe avancées au nord, surtout lorsqu'ils sont livrés à des travaux pénibles, à de longues marches, à des peines d'esprit et de corps, pendant les chaleurs de l'été. C'est en partie à ces causes qu'il faut attribuer le peu de succès qu'eurent les Français sous *Charles VIII* et *Louis XII*, lorsqu'ils voulurent porter leurs armes dans les parties méridionales du royaume de *Naples*, ou conserver les conquêtes qu'ils y avaient faites.

L'armée française ravagée par la peste en 1527.

On se rappelle, avec douleur, qu'en 1527 l'armée française faisant le siége de *Naples* sous le général *Lautrec*, périt, presque entière, d'une maladie pestilentielle qu'on attribua aux excès de tout genre, aux chaleurs de l'été et à la corruption des eaux stagnantes.

Délices de Capoue.

Personne n'ignore que c'est à *Capoue* que la gloire d'*Annibal* et de ses compagnons d'armes s'évanouit dans des délices indignes d'eux.

Cantons dangereux à habiter.

Ce beau pays présente cependant beaucoup d'endroits qu'il est dangereux d'habiter, sur-tout dans la *terre de Labour*. Les bords du lac d'*Agnano* répandent souvent en été des émanations meurtrières.

Cumes, Pouzzols.

De *Cumes* à *Pouzzols* la dépopulation annonce les effets d'une intempérie désastreuse : les chaleurs y sont très-vives; et pendant plus de six mois de l'année, il s'élève de la terre, et de différentes petites soufrières *(solfatares)*, des exhalaisons délétères que les habitans appellent *moffètes*. Il en est de même dans le canton des Champs-Élysées.

Moffètes délétères.

La quantité d'eaux thermales, la plupart sulphureuses, qu'on trouve dans ces endroits, attestent l'existance de feux souterrains, et les éruptions du mont *Vésuve* en sont la preuve incontestable. Ce volcan désole de temps en temps les campagnes voisines. Des tremblemens de terre se font aussi sentir, à certaines époques, dans le royaume de *Naples*, et même dans le reste de l'Italie, sur-tout lorsque le *Vésuve* est prêt à vomir de grands torrens de laves enflammées.

Eaux thermales.

Volcan du mont Vésuve. Tremblemens de terre.

La Calabre et la Pouille sont à-peu-près à la même température que le royaume de *Naples*. L'on a beaucoup exagéré les effets de la morsure de la *Tarentule* ; cependant on doit observer que dans presque tous les cantons de l'Italie, on a beaucoup à souffrir en été de la piqûre de plusieurs insectes. C'est des habitans mêmes du pays qu'on doit apprendre les moyens de s'en garantir.

Calabre.

Exagération de la morsure de la tarentule.

En remontant la côte d'Italie, du sud à l'ouest, on trouve que de *Terracine* à *Gênes*, et même jusqu'à *Nice*, la température est beaucoup plus chaude que froide, et plus ou moins saine, suivant l'exposition et la nature du sol. Plus il est bas et humide, plus il est à l'abri des vents du nord, plus son atmosphère influe d'une manière pernicieuse sur ses habitans.

Côtes de l'ouest, de Terracine à Gênes.

B 3

(22)

Résumé.

Température des deux parties de l'Italie.

Si, comme nous l'avons remarqué, le climat de la Lombardie est tempéré, et assez analogue à celui d'une grande partie de la France, celui de l'Italie méridionale est généralement beaucoup plus chaud et moins variable.

La méridionale est moins favorable aux Français.

C'est donc principalement dans cette partie que les troupes de la République auraient le plus à souffrir de la double influence des chaleurs excessives et des émanations des eaux stagnantes.

Fertilité de l'Italie.

Ses productions.

Les diverses contrées de l'Italie sont très-fertiles, et produisent abondamment tout ce qui est nécessaire à la vie. Les vins sont chauds, forts et capiteux. Les fruits, les racines, tous les végétaux enfin, sont plus succulens dans la Lombardie et sur les montagnes, qu'au delà de l'Apennin; mais ceux qui croissent dans la partie méridionale, sont plus savoureux, plus parfumés. C'est là sur-tout que l'orange, le citron, etc., se plaisent à mûrir.

Ordre successif des saisons. Vents dominans.

Lorsque les saisons sont *régulières,* les vents du nord et nord-ouest soufflent alternativement en Italie pendant l'hiver, et sont accompagnés de froidure et de pluies abondantes qui continuent au commencement du printemps, jusqu'à ce que les vents d'est ramènent la sérénité de l'atmosphère. Mais en été, et pendant une grande partie de l'automne, les vents du midi, de l'est et de l'ouest pré-dominent, et les chaleurs, très-fortes dans la partie méridionale, se soutiennent pendant plusieurs mois.

Tant que cet ordre n'est pas considérablement interverti, on voit peu de maladies graves, et les endroits qui recèlent des causes marquées d'insalubrité, sur-tout les environs des marais, sont les seuls qui éprouvent des fièvres pernicieuses.

Les constitutions régulières sont salubres.

Mais si la température devient excessive en chaud ou en froid, si les saisons *irrégulières* s'éloignent trop de leur marche ordinaire, de sorte que la grande sécheresse se fasse sentir en hiver, que le printemps et l'été soient humides, et que ces intempéries se soutiennent plusieurs mois, on voit régner alors, à la fin de l'été, en automne ou pendant l'hiver, dans les différentes contrées d'Italie, des épidémies qui prennent le caractère plus ou moins *automnal*, plus ou moins *putride*, ou *catarrhal*, ou *inflammatoire*, suivant que la chaleur ou le froid, l'humidité ou la sécheresse, se sont succédé, et ont duré plus long-temps.

Les irrégulières produisent des maladies épidémiques.

Telles sont les observations générales que les officiers de santé des armées d'Italie et des Alpes sont invités à méditer, et à vérifier, à mesure qu'ils seront à portée de le faire. Ces principes trouveront leur application non-seulement dans le traitement des maladies des troupes, mais dans les précautions d'hygiène qui doivent les garantir de l'influence d'un nouveau climat.

CONSEILS D'HYGIÈNE.

Principales causes des maladies.

De ces notions topographiques, il résulte que c'est aux précautions contre les chaleurs excessives du jour, la fraîcheur des nuits, et contre les émanations des eaux stagnantes, que semblent devoir se réduire les conseils relatifs à la position actuelle de l'armée de l'Italie, et à celles qu'elle pourrait avoir successivement dans ces contrées.

Excès à éviter.

Avantages des végétaux.

Les excès de tous les genres, soit en alimens âcres ou épicés, soit en liqueurs fortes, soit relativement aux plaisirs de l'amour, ne sauraient être évités avec trop de soin. La viande plaît moins alors, parce qu'effectivement elle convient moins. Le riz, les légumes, les herbes potagères, les fruits mûrs, sont préférables au régime animal, sur-tout s'il était exclusif. L'accélération du mouvement des liqueurs, l'orgasme momentané qui accompagne les excès dont on a fait mention, peuvent déterminer immédiatement les maladies inflammatoires auxquelles le militaire se trouve déjà disposé ; mais plus évidemment encore l'atonie, et l'affaissement du genre nerveux qui suit les excès, priveraient, en cas de fièvres d'un mauvais *caractère*, celui qui en serait atteint, des ressources naturelles, sans lesquelles les meilleurs secours de l'art deviennent si souvent inutiles.

Abus des liqueurs fortes.

Il ne faut pas croire qu'en blâmant les liqueurs

fortes, on entende blâmer autre chose que leur abus ; on sait que l'usage en est nécessaire dans les pays chauds, soit pour relever les forces, soit pour prévenir des transpirations trop abondantes.

Leur usage.

L'usage des melons et autres cucurbitacées, celui des fruits acides, principalement des limons, des citrons, des oranges, présentent sans doute ici de grands avantages ; mais ce ne serait pas sans danger qu'en abuseraient ceux sur-tout qui n'y seraient point accoutumés. Dans le cours de la guerre de 1734, en Italie, des excès de ce genre *appauvrirent la bile*, et détériorèrent les digestions de plusieurs soldats français, au point de les avoir jetés dans un *cours de ventre* et dans des *langueurs d'estomac* qui exigèrent un régime absolument contraire, et l'usage du café et des amers (1).

Utilité des acides.

Dangers de leur abus.

Une trop longue abstinence épuise, de même que des alimens trop succulens et trop rapprochés surchargent. L'effet de ces extrêmes, non moins pernicieux l'un que l'autre, leur succéderait promptement, et d'une manière plus fâcheuse encore, dans un climat chaud ; mais les réglemens militaires ont pourvu à l'éloignement de ces causes, et la vigilance éclairée des chefs garantit également le soldat de l'horreur des privations, et du danger de choses superflues et nuisibles.

Dangers de la réplétion et de l'inanition.

Le *posca* dont les soldats romains étaient munis dans les marches, peut être remplacé par

Utilité du vinaigre.

---

(1) Meyserey, Méd. d'armées, Tome I, art. II,

le vinaigre, dont les distributions sont nécessaires pour corriger l'eau. Il est impossible de priver le soldat de boisson au milieu d'une route, où la poussière, jointe à l'ardeur du soleil, produit une soif qui devient un besoin si impérieux et si pressant. Refuser la faculté de l'étancher, soit après un quart-d'heure de halte, soit pendant la marche, ou au moment de la reprendre, ne serait pas moins imprudent, que de la permettre au moment même où la halte commence. *Quinte-Curce* rapporte qu'une bonne partie de l'armée d'Alexandre périt pour s'être permis cette imprudence, après avoir long-temps enduré la chaleur et la soif. Il perdit plus de soldats par cette cause, dit l'historien, qu'il n'en avait encore perdu dans aucune action de guerre.

Une pratique recommandée par les anciens et renouvelée avec succès par les modernes, c'est d'engager les soldats en marche à ne boire qu'après s'être rincé la bouche à plusieurs reprises.

Il n'est pas besoin de commentaire pour développer les effets pernicieux qui suivraient presque infailliblement la suppression de la transpiration, occasionnée par l'impression trop subite d'une eau très-froide. C'est ici donc que l'humanité exige, de la part des commandans, la plus sévère ponctualité dans l'exécution des défenses qu'ils ont dû faire.

Au reste, les marches, pendant les grandes chaleurs, et dans les pays méridionaux, doivent

(marginalia : Boisson dans les marches. Précautions nécessaires. Exemple de leur utilité. Pratique à suivre. Heures les plus favorables pour la marche.)

commencer au point du jour, et reprendre sur les cinq heures du soir : la première devrait être terminée sur les sept heures du matin, et la seconde n'être pas trop prolongée dans la nuit.

Il en est de même des évacuations ou transports de malades d'un hôpital sur un autre ; il en est de même encore des exercices militaires ; mais le choix du lieu étant plus facile pour ceux-ci, on donne la préférence à une place ombragée, ou à celle dont l'exposition est moins brûlante.

<small>Pour les évacuations d'hôpitaux.</small>

On observe que dans les pays humides, marécageux ou inondés, l'air est extrêmement insalubre pendant la nuit ; que le moment qui accompagne le coucher du soleil, est un des plus dangereux, en ce que l'atmosphère est surchargée de toutes les vapeurs que cet astre a élevées. Dans ces circonstances, et l'expérience de tous les jours le démontre aux environs des Marais pontins, les inconvéniens de la chaleur pendant le jour sont presque nuls, comparés aux effets pernicieux qu'entraîne presque infailliblement le voyage entrepris pendant la nuit (1).

<small>Danger des nuits humides.</small>

En été, et dans les pays chauds, les sentinelles et les grand'gardes se placent de même, autant qu'il est possible, dans quelque lieu abrité.

Pendant la nuit, le contraste de l'air frais qui se fait sentir dans ces climats, comporte aussi

<small>Précautions qu'elles exigent.</small>

---

(1) *Lancisi de nox. palud. effluv.*

son danger; et il sera plus marqué encore, si le pays est humide, ou si le poste se trouve plus rapproché d'un bois ou d'une grande masse d'eau. La prudence veut alors que la sentinelle entretienne, au moyen de la capote, la transpiration insensible, qui est une condition si nécessaire à la santé. L'exercice peut bien la provoquer, même pendant la durée d'une faction d'hiver, toujours plus courte, tandis que ce n'est presque jamais impunément que le factionnaire, plus disposé au repos qu'à l'action, ne serait pas plus couvert dans une nuit d'été qu'il ne l'a été pendant le jour qui a précédé.

Moyens de salubrité et de fraîcheur pour les tentes.

Dans les camps, la disposition des tentes doit être telle, que le vent du nord ou celui de l'est y aient le plus facile accès. Si les vues militaires s'y opposaient, rien au moins n'empêche qu'en tenant un peu soulevée la toile du côté accessible à ces vents, on n'entretienne un courant d'air qui puisse renouveler et rafraîchir celui de la tente. Ce conseil est aujourd'hui d'une exécution d'autant plus facile, que la double ouverture des tentes la favorise bien plus que ne le pourraient faire les tentes à cul-de-lampe. Au reste, l'usage d'asperger les tentes et de les recouvrir de branchages d'arbres verts, et sur-tout de ceux qui conservent leur verdure, comme les Pins et les Mélèzes, est trop connu, pour qu'il soit besoin de le recommander, non plus que la pratique de placer, sur le chapeau ou le casque, un corps blanc, propre à faire diverger les rayons du soleil. L'instinct seul, qui n'est pas toujours à l'homme d'un moindre secours que la réflexion, indique aussi l'utilité de donner successivement diverses positions à sa coiffure.

C'est une pratique très-pernicieuse pour le soldat, de sortir la nuit, de la tente, jambes nues ou en chemise; cet abus, à la répression duquel la police militaire ne saurait apporter trop de sévérité, est l'une des causes les plus fréquentes de la dyssenterie dans les camps. Le principe d'après lequel on a recommandé la capote aux factionnaires pendant les nuits d'été, trouve ici son application. *Nudité pendant la nuit, cause de maladies.*

La mastication du tabac ou l'usage de la pipe peut convenir, dans les nuits d'été, à ceux qui en ont l'habitude, ainsi que dans les temps de pluie et dans les lieux humides. Dans toutes les autres circonstances de chaleur, du côté de la saison ou du climat, l'usage des masticatoires ne présenterait aucune utilité; son abus même serait évidemment nuisible, et susceptible de conduire au marasme. *Utilité et abus du tabac.*

Tout ce qui tient à la propreté générale du camp, à celle des tentes, à la position des boucheries, des tueries, des voieries, des lieux d'inhumation, des latrines, à la nécessité de recouvrir celles-ci et de pratiquer souvent de nouvelles fosses, est connu et prescrit par les réglemens militaires; on se contentera de rappeler ici que les dangers de la moindre négligence seraient bien plus directs et plus marqués, à raison de la facilité avec laquelle les émanations animales, et putrides, de quelque genre *Les réglemens de propreté veulent ici une exécution plus stricte.*

qu'elles soient, s'élèvent et prennent plus d'intensité, par l'effet de la chaleur, et de la disposition prochaine où se trouvent alors les corps vivans d'en éprouver la pernicieuse influence.

<small>Avantages de l'eau courante près des camps.</small>

Les États-majors des armées de la République ont acquis une trop grande expérience, pour ne pas apprécier les avantages de la situation d'un camp, même momentané, et à plus forte raison d'un camp où les troupes doivent faire un séjour plus considérable, à la portée d'une eau salubre, pour tous les besoins alimentaires.

<small>Caractères d'une eau salubre.</small>

Il n'est pas d'officier de santé militaire à qui il soit permis d'ignorer les signes qui caractérisent une eau salubre; car ici l'analyse faite par les sens, la tradition du pays, la bonne santé des habitans, la force et la vigueur des animaux et des plantes qui couvrent le sol, sont des témoignages aussi sûrs que ceux que fourniraient des recherches plus savantes, mais moins faciles. Il est d'autant plus essentiel de vérifier de bonne heure les qualités des eaux, qu'elles sont l'une des principales conditions de la pureté et de la salubrité de l'air (1); tant est marquée l'influence salutaire ou nuisible que ces deux liquides exercent réciproquement l'un sur l'autre.

On se contentera de remarquer qu'en général plus l'eau se rapproche de celle des ruisseaux, des rivières et des fleuves, plus elle a reçu de mouvement et d'air, soit par la nature du lit dans lequel elle coule, soit par l'influence des vents et des autres

---

(1) Rhaz. *de Reg. princ.* L. 1, cap. 2.

..... elle est salubre, plus elle ..... tour de principes salutaires, à ..... temps chauds et dans les pays brûlans. **D'une eau insalubre.**
Mais ..... qui a peu de mouvement, sur-tout si ..... étendue en profondeur, elle l'est da..... en surface, et si elle coule sur un limon ..... est communément moins bonne. Lorsque ..... débris des substances végétales ou animales lui ont donné un degré d'infection qui se communique bientôt à l'atmosphère, c'est alors que les effets de cette double influence deviendraient plus pernicieux et mériteraient la plus sérieuse attention.

Au surplus, l'eau, à la proximité d'un camp, **L'eau doit être abondante.**
doit être en assez grande quantité pour fournir encore aux usages de propreté, et sur-tout aux bains ; ce n'est presque que de la proximité d'une rivière qu'on peut se promettre ces avantages. Les bains doivent être comptés au nombre des meilleurs **Utilité des bains.**
moyens d'entretenir la santé et de préserver des maladies inflammatoires ; mais on n'oubliera pas que le défaut de précautions dans leur administration, est susceptible lui-même de produire les maux que doivent prévenir les bains pris avec sagesse. Ils seraient mortels au moment de la fatigue et de la chaleur ; (1) *Alexandre* y faillit perdre la vie. Ils sont nuisibles pendant la digestion ; ils **Précautions dans leur usage.**
le seraient avant le lever du soleil, et long-temps après son coucher ; ils le seraient en tous temps

---

(1) Sanct. aph. 14, sect. II.

dans les torrens d'eau vive qui descendent des hautes montagnes, et qui, dans leur cours, ne sont presque jamais exposés au soleil, parce que les grands arbres qui les couvrent en interceptent les rayons. Il est à desirer qu'autant qu'il sera possible, l'eau dans laquelle les soldats se baignent par compagnie, et sous la conduite d'un sous-officier, soit courante, en plaine, point trop profonde; et l'heure la plus opportune est celle qui précède le repas du soir.

Précautions contre l'air surchargé d'humidité.

Quelque importantes que soient toutes les précautions indiquées contre les effets de la chaleur, ceux qui accompagnent et qui suivent l'état de station ou même de marche d'une armée dans un pays humide, soit à raison des marais, soit à raison des inondations ou même des grandes pluies accidentelles, n'exigent ni moins d'attention ni moins de prévoyance; mais l'art de placer les tentes et de les isoler par des rigoles qui procurent le prompt écoulement des eaux, est familier à tous ceux qui ont l'habitude des camps.

Contre la mouillure des vêtemens.

Le soldat ne doit jamais laisser sécher, sur son corps, son linge ni son vêtement: à défaut de soleil, des feux doivent être allumés dans le camp, à des distances convenables.

La propreté des pieds et l'entretien des chaussures de rechange doivent être surveillés avec la plus scrupuleuse exactitude; c'est dans ces circonstances qu'une distribution de vin ou d'eau-de-vie doit être comptée pour l'un des plus puissans préservatifs.

Enfin

Suivant le précepte de Végèce, le changement des camps, *castra mutanda*, s'adapte à toutes les occurrences périlleuses dont on... soit que la chaleur exalte des miasmes... devenus trop considérables par un long... soit que les émanations des eaux stagnantes ...ent de quelque danger. Mais ce ne serait pas ... de changer d'emplacement; autant que les dispositions militaires n'y mettent pas d'obstacles, la *mutation* du camp doit être dirigée en sens inverse des effets qu'on redoute. C'est ainsi que, dans la dernière guerre d'Amérique, au commencement de l'été qui suivit la prise d'*Yorck-Town*, l'armée française quitta la partie méridionale de la Virginie, où les chaleurs étaient devenues insupportables. A mesure que la chaleur absolue augmentait, l'armée remonta insensiblement vers le nord: chaque jour dissipait les craintes des hommes dont la santé avait été menacée au fond de la Virginie; les malades, très-sérieusement affectés au moment du départ après lequel ils avaient soupiré, conduits sur des chariots d'une *véritable ambulance*, observant la marche et les séjours de l'armée, furent réduits, en arrivant en Pensylvanie au mois de septembre, à un très-petit nombre de convalescens. Plusieurs avaient rejoint leurs drapeaux dans le cours du voyage.

Il n'est peut-être pas inutile de remarquer ici que si les changemens subits de température, et sur-tout de celle du chaud au froid, sont en général une des causes les plus fréquentes des maladies acciden-

Principe de salubrité dans la mutation des camps.

Exemple favorable de son application.

Danger des changemens trop subits de températures.

C

telles, on n'a peut-être pas assez calculé l'avantage incomparable de ces successions, soit pour la salubrité, soit relativement à la force des corps et même des ames. C'est l'air, dit Hippocrate, qui communique la sagesse au cerveau (1). En effet, si les vents apportent quelquefois de l'insalubrité, souvent aussi ils produisent une influence contraire.

<small>Effets des vents en Italie.</small> *Lancisi*, qui a épuisé cette matière en philosophe, en physicien et en médecin, après avoir exposé fort au long les dangers du vent de midi et de celui que les Italiens appellent *scirocco*, remarque avec justesse que ce vent du midi n'est pas toujours l'*échanson de la pluie* ; que lorsqu'il est doux et modéré, il ne nuit pas à la salubrité ; qu'il n'y porte atteinte que lorsqu'il est violent, accompagné de tourbillons et surchargé de miasmes qu'il a enlevées sur les terrains marécageux et *cœneux* (2). Au reste, les bornes de son influence sont circonscrites, et les vents du nord et de l'est, qui reparaissent, dissipent <small>Avantages de leur succession.</small> bientôt les vapeurs et ramènent la sérénité. Cette succession des vents communique à l'air un mouvement salutaire, et change presque toujours d'une manière utile les combinaisons de l'atmosphère. Enfin Hippocrate (3) blâme le climat d'Asie, à cause de la constance et de la modération des vents, et il n'hésite pas à attribuer la force du corps et de

---

(1) Hippoc. *Lib. de morb. sacr.*
(2) Lanc. *ibid.*
(3) Hipp. *Lib. acut. II*, et *Lib. de aer. aq. et loc.*

l'esprit des Européens aux changemens fréquens dans le mouvement et dans les combinaisons de l'air qu'ils respirent. Sénèque a étendu cette comparaison jusqu'aux arbres de l'une et de l'autre de ces parties du monde. « Un arbre ne devient vi-
» goureux et solide qu'après avoir été exposé aux
» fortes et fréquentes incursions des vents ; il s'af-
» fermit par leurs vexations, il s'enracine avec
» plus d'assurance (1).

Cependant il n'est presque personne qui ne soit instruit des dangers que comporte la prompte succession du chaud au froid. On sait qu'à défaut de précautions, et quelquefois même en dépit de celles qu'on a prises, les enchifrenemens, les ophtalmies, les angines, les rhumes, les péripneumonies même, sont en quelque sorte inévitables ; mais on donne moins d'attention aux effets du passage trop rapide d'un air froid dans celui qui a les qualités contraires. On ne parle pas ici de l'imprudence de ceux qui ayant été exposés à un froid glacial, même à l'engelure de quelque membre, se précipiteraient vers un foyer ardent, dont l'action subite et immédiate menacerait de sphacèle, les membres affectés. L'expérience des pays les plus froids a mis en garde contre ce danger ; et les voyageurs sont avertis que c'est avec la neige même que ces parties doivent être frottées, et que la chaleur, pour ne pas devenir mortelle,

Prompte transition du chaud au froid.

Ses effets.

Danger du passage subit d'un froid excessif à une grande chaleur.

---

(1) Senec. *de Provid.* cap. 2.

ne peut être rappelée que d'une manière insensible. Au reste, ce n'est que bien rarement que se présenteraient en Italie l'occasion de ce danger et le besoin de ces précautions.

<small>Effets de la différence dans la pesanteur ou les autres qualités de l'air.</small>

Mais dans tous les pays où les vents sont inconstans, et principalement dans une contrée qui forme une péninsule très-alongée, dans une région où, indépendamment de la mer, d'autres grandes masses d'eau, et des montagnes considérables par leur étendue et dans quelques parties inaccessibles par leur élévation, apportent de grandes différences dans les qualités de l'air, soit dans le même lieu, à diverses heures, soit à des distances marquées par un sol plus ou moins élevé, on ne donne peut-être pas assez d'attention à l'influence produite sur tous les corps vivans, ou par la différence du poids, ou par le degré de pureté de l'air.

Si, dans un jour nébuleux, si, dans le voisinage des marais, si, dans un séjour bas et humide, le poids de l'air semble accabler le poumon et tout le système musculaire et nerveux ; d'un autre côté, l'air léger des montagnes ne produit peut-être pas une compression assez forte ; il est possible qu'il ne balance pas assez l'effort des liqueurs animales ; car les hémorragies du nez, l'hémoptysie, les lassitudes spontanées, ont fréquemment lieu dans ces circonstances.

<small>Importance de ces observations.</small>

Quelque différence qu'il y ait entre la doctrine

de *Boyle* (1) et de *Bacon* (2), et celle des physiciens modernes, les observations de ce genre entrent dans les devoirs de tous les officiers de santé d'une armée, mais sur-tout des chefs et de ceux qui sont particulièrement attachés à quelques divisions ou à quelques corps armés. Persuadés que ces changemens de position, s'ils sont marqués par des disparates très-prononcées, ne peuvent avoir lieu sur une multitude d'hommes sans influencer leur santé, ils calculeront les avis généraux et les conseils particuliers qu'exigent les circonstances. Les principes desquels ils doivent tous dériver, c'est que la nature est ennemie des extrêmes; que plus les changemens, en ce qui concerne les climats, les eaux, les alimens, les habitudes de tout genre, sont prompts et entiers, plus ils comportent de danger (3). Le moyen d'en diminuer les craintes consiste donc à rendre ces transitions en quelque sorte insensibles.

Mais ce n'est pas aux précautions propres à éviter des maux, que ces observations doivent se borner; il convient de les étendre à des vues utiles, applicables soit à la conservation, soit au rétablissement de la santé des troupes. *Leur utilité ultérieure.*

Les généraux prévenus de cette doctrine n'hésiteront pas sans doute à faire alterner les divers corps de *Pour les commandans d'armée.*

---

(1) Boyle, *Exp. nov. phys. mech.* art. IV, exp. 6 et 7.
(2) Vérul. *nov. org.* Lib. II. Aph. 12.
(3) Hippoc. aph. 51, sect II.

troupes à leurs ordres, dans les camps ou les places dont la position et l'élévation font le contraste de ceux qu'ils occupaient précédemment.

<small>Pour les officiers de santé.</small>

Les officiers de santé observeront, dans les convalescences, de quel désavantage serait l'air vif des montagnes pour les poitrines délicates, comme celui des lieux humides pour les *œdémaciés ;* ils mettront en pratique le sage précepte de *Baglivi*, qui a pensé que dans les maladies longues et difficiles, le changement d'air était le meilleur remède (1). Combien de chroniques ont résisté à une multitude d'autres moyens, et eussent cédé à celui-ci !

<small>Principes généraux pour la conservation de la santé.</small>

Enfin l'on ne saurait trop inculquer à l'homme de guerre que si le passage trop rapide d'une condition physique à l'extrême opposé comporte des dangers que la prévoyance peut prévenir, il n'est peut-être pas de moyen plus assuré de se préserver des inconvéniens de la vie humaine, que de se rendre maître de toutes les habitudes, et de n'en contracter d'autre que celle de n'être assujéti à aucune. Cette assertion est le fondement des préceptes de *Celse* sur la santé. » L'homme sain et
» libre doit se mettre au-dessus des lois sévères
» du régime, et se passer de médecin. Il doit vivre
» successivement à la ville et à la campagne,
» plus souvent aux champs. La natation, la chasse,
» le bain, l'eau froide, les frictions, l'exercice

---

(1) Bagliv. *de morbor. succession.* cap. 12.

» et le repos, les bons et les mauvais repas doivent
» se succéder. L'inertie engourdit; le travail double
» les forces: la première accélère la vieillesse;
» l'autre prolonge la vigueur. C'est ainsi que,
» dans la bonne santé, l'on conserve les ressources
» propres à dissiper les maladies qui peuvent sur-
» venir (1) ».

On termine ces réflexions par un passage de *Cicéron*, digne d'avoir été écrit par *Celse* lui-même, comme le remarque *Lancisi*, de qui nous en empruntons la citation:

» La santé se conserve par la connaissance ac-
» quise de nos forces et de nos dispositions per-
» sonnelles; en calculant ce qui a coutume de nous
» être utile ou de nous nuire; en s'observant sur
» les alimens; en entretenant la propreté la plus
» exacte; en se modérant sur les plaisirs; enfin en
» s'en rapportant entièrement, pour le reste, à
» ceux qui ont fait une étude particulière de l'art
» de guérir (2).

---

(1) A. C. Cels. *de medic.* Lib. I. cap. 1.
(2) Cicer. *de offic.* n°. 86.

VUES PRATIQUES.

Analyse de l'ouvrage de Dezon.

DEZON, médecin de l'armée d'Italie en 1734, 35 et 36, est presque le seul auteur français qui ait écrit sur les maladies dont les troupes peuvent être attaquées dans ces climats. Les lettres de ce médecin, au nombre de treize, annoncent qu'il avait bien étudié à l'école de Boerrhaave. C'est de la doctrine mécanique de cet auteur que Dezon emprunte toute son œthiologie. Il mêle à la pratique de Boerrhaave, celle de Rivière. En général, les symptômes des maladies sont bien exposés dans les lettres de Dezon; mais les causes communes à des signes si différens, sont toujours, selon lui, « les » *excès des soldats*, soit en vin, soit en femmes ; les » *chaleurs* de la saison et du climat, et les *fatigues* » de la guerre ».

De là « l'épaississement du chyle, l'embarras de » la circulation, les stases dans tels ou tels vais- » seaux ou viscères ». Les indications sont toujours de *désemplir* et d'opérer *révolution*. Il saigne et *resaigne*, pour se servir de son expression familière, du bras et du pied, émétise quelquefois, purge toujours et souvent, applique de temps en temps des vésicatoires ; place souvent le kermès minéral, tous les antihectiques, puis les astringens, les apéritifs, et tout ce qu'on eut la coutume de cumuler pendant les cinquante ou soixante ans qui précédèrent le moment où Bordeu rouvrit, en quelque sorte, en France, l'école de *Cos*, fermée après Duret et Baillou par les Sthaliens et les Boerrhaaviens, et où ce médecin, qui n'a obtenu justice que depuis sa mort, eut ramené les sages préceptes d'Hippocrate sur l'expectation, les coctions et les crises. La lecture de l'ouvrage de Dezon n'est presque aujourd'hui d'aucune utilité.

Huxham, *Pringle*, *Monro* et *Mezerey*, contiennent, sur les maladies auxquelles les militaires sont sujets, des observations plus dignes de l'attention de ceux qui suivent la carrière de l'art de guérir aux armées. <small>Meilleurs guides à suivre.</small>

Les officiers de santé qui sont employés à celle d'Italie, trouveront dans les ouvrages de *Baglivi*, de *Ramazzini*, de *Lancisi* sur-tout, beaucoup d'observations utiles sur la météorologie de cette partie méridionale de l'Europe, sur l'influence des vents du midi, de la chaleur et des eaux stagnantes. C'est à ces deux causes que *Lancisi* rapporte tout ce qu'on peut imputer de nuisible à l'air de l'Italie. Ce savant médecin a prouvé, par la situation, les productions du pays, la vivacité et la longévité des habitans, que l'air par lui-même n'en était pas insalubre ; il ne le devient que par des causes accidentelles, telles que les débordemens des grands fleuves, la rupture des aqueducs, &c. (1). <small>Travaux des médecins italiens.</small>

C'est donc sur-tout des maladies auxquelles peuvent donner lieu parmi nos troupes en Italie, <small>Maladies dont on doit s'occuper.</small>

---

(1) *De nativ. Rom. cal. qual. et de adventit. ejusd.*

ou l'excessive chaleur, ou les émanations des eaux stagnantes, ou ces deux causes réunies, que nous avons à nous occuper. Telles sont les inflammatoires, les fièvres synoques, les intermittentes et la dyssenterie, toutes susceptibles de prendre un caractère pernicieux, *mali moris*.

Aussi Barsntorff, premier médecin de l'armée du duc de Brunswick, à la fin du dernier siècle, avait il assuré à Ramazzini, à Modène, que *la fièvre maligne* et la dyssenterie étaient les deux principales maladies qu'il avait eu à traiter depuis qu'il était attaché au service des armées. Les officiers de santé qui servent depuis le commencement de la guerre actuelle, se rappellent que ces deux maladies, qui sont les plus fréquentes, ont été les plus meurtrières dans les premières années. Elles sont celles que nous avons encore le plus à redouter en Italie.

Inflammatoires.
Si la génération qui nous a précédés, n'a pas éprouvé de maladie aiguë simple sans qu'on y ait adapté plus de saignées que nous n'oserions en prescrire aujourd'hui pour une véritable inflammation, nous voyons, par l'issue des maladies, que les convalescences n'étaient jamais ni aussi promptes, ni aussi prononcées que celles dont nous sommes redevables à une pratique plus conforme aux lois de la raison et de l'économie animale.

Traitement raisonné.
Nous sommes persuadés que, sans négliger un secours souvent décisif dans les inflammations vraies, nos collègues sauront, d'après les leçons

de leur propre expérience, ménager les forces de leurs malades, pour favoriser la coction, sans laquelle il n'est pas de guérison solide. La nature du mal, la chaleur de la saison et du climat, indiquent assez les secours qu'on peut tirer des délayans, et sur-tout des acides végétaux, que la nature prévoyante a placés à portée de ceux à qui l'usage en est plus nécessaire. C'est ainsi que le *cholera morbus* qui, dans les pays chauds, présente des symptômes si effrayans, cède souvent à une ample boisson de limonade.

Nous recommandons spécialement l'usage de celle faite avec l'acide concret du tartre, prescrite par le formulaire des hôpitaux militaires. On vient de faire passer en Italie une certaine quantité de cet acide, pour suppléer aux citrons qui, quoique abondans dans ces contrées, pourraient y devenir insuffisans pour les malades, attendu la consommation qu'en feront les gens en santé, à titre d'agrément ou de préservatif.

Utilité des acides végétaux.

La dyssenterie, nous l'avons dit, est si commune aux armées, toutes les circonstances qui y donnent lieu dans les camps, sur-tout la fraîcheur des nuits, précédée de la grande chaleur du jour, doivent se réunir si naturellement pour la produire, cette année, à l'armée d'Italie, que dans l'impossibilité d'empêcher l'épidémie, il convient au moins de diminuer l'intensité des causes, par l'observation des conseils que nous avons tracés dans la partie d'hygiène ; mais il n'est pas moins essentiel de ne négliger aucune des précautions propres à

Dyssenterie.

(44)

empêcher cette maladie de devenir contagieuse. Cet objet est traité dans la feuille que le conseil de santé répandit aux armées, au commencement d'août 1793, sous le titre de *Précautions relatives à la dyssenterie dans les armées*. Nous nous abstiendrons de les répéter ici ; mais comme elles n'eurent jamais une application plus directe, nous nous empressons de faire passer à nos collaborateurs de l'armée d'Italie, les exemplaires de cet écrit dont nous pouvons disposer. Ils y trouveront une esquisse rapide du *tableau* fâcheux que présente l'*épidémie dyssenterique*, les moyens *préservatifs*, les *précautions* à prendre dans les *camps*, celles à suivre à l'*hôpital*, celles qui doivent accompagner les *évacuations* d'un hôpital sur l'autre, enfin celles qui concernent les *convalescens*.

<small>Précautions pour en prévenir la contagion.</small>

Il n'est pas de maladie où l'exacte propreté soit plus nécessaire, sur-tout dans un établissement commun à plusieurs malades. Nous croyons que les moyens de sanification prescrits par le Gouvernement le 5 ventôse de l'an 2.e, doivent être mis en usage dans les salles des dyssenteriques. Nous faisons parvenir à l'armée d'Italie plusieurs exemplaires de l'instruction donnée à cette époque par le conseil de santé.

<small>Sanification des Salles d'hôpital.</small>

A l'égard des précautions relatives à la dyssenterie, les règles de *conduite administrative*, ainsi que le conseil de santé les appeloit alors, sont plus faciles à déduire que celles de la *conduite médicale* dans le *processus* curatif. Il faudrait des volumes pour concilier ce que des auteurs célèbres et des praticiens très-estimables ont écrit de contradictoire sur cette maladie, parce que la dyssenterie est susceptible de causes très-variées et très-multipliées, de nuances non moins diversifiées dans les symptômes que dans leur marche et dans la terminaison qui les suit, soit naturellement, soit en conséquence des secours de l'art, soit en dépit des moyens contraires, dont la nature sait triompher comme de la maladie elle-même.

Difficulté de concilier les auteurs sur la dyssenterie.

La dyssenterie purement inflammatoire est la moins commune; si elle est la plus douloureuse, son issue est plus prompte, presque toujours plus heureuse; son traitement ne diffère presque en rien des autres inflammatoires. La saignée, ici, a un effet vraiment révulsif, comme l'a dit Sydenham, et les antiphlogistiques y ont d'autant plus d'efficacité, qu'ils ont l'avantage de pouvoir être appliqués immédiatement sur le siége même du mal.

Dyssenterie inflammatoire.

De nos jours, et dans les camps, l'épidémie dyssenterique offre rarement ce caractère; et celles qui l'auraient, le perdraient bientôt dans le séjour des hôpitaux.

Sa rareté.

La dyssenterie qui tient le milieu entre celle dont on vient de parler et celle dont nous nous occuperons ensuite, présente quelques symptômes inflammatoires; mais ceux de plénitude et d'embarras des premières voies prédominent.

Il faudrait des motifs pressans tirés du pouls, de la force du sujet et de la violence de la douleur, pour employer la saignée. Soit qu'elle ait précédé,

Dyssenterie humorale.

soit qu'on ait cru devoir s'en dispenser, le vomissement procuré par l'ipécacuanha, et même à plusieurs reprises, tant que la même indication et les signes de turgescence persistent, est un des moyens dont l'efficacité est le moins contestée. Les délayans, les adoucissans, corrigent insensiblement la nature des déjections ; celles-ci prennent la couleur et la consistance requises, les douleurs ont cessé, le sommeil a reparu : alors un purgatif bien placé achève la cure, à laquelle des purgatifs donnés pendant l'orgasme auraient apporté des retards, ou même des obstacles invincibles, soit en déterminant d'une manière assez *topique* l'inflammation et la gangrène, soit en favorisant la pertinacité du cours de ventre ; celui-ci prend alors un caractère *chronique* dont le terme et l'événement deviennent très-équivoques.

Dyssenterie maligne.

Une troisième espèce de dyssenterie plus commune aux armées, est celle dont sont attaqués les sujets ou naturellement faibles, ou épuisés par quelque cause que ce puisse être. Ces hommes sont irritables, sensibles, inquiets, découragés ; ils présentent l'aspect de la maigreur, de la prostration de forces ; ils semblent ne tenir à l'existence que par le sentiment de la soif, des tranchées qui les tourmentent, et de la fréquence des déjections qui les épuisent.

C'est dans de pareilles circonstances que la médecine, au pouvoir de laquelle il n'est pas toujours d'obtenir ce qu'elle desire, doit avoir au moins la sagesse d'éviter les reproches. Ici les moyens moraux sont la base de tout ce que l'art de consoler, de soulager ou de guérir les malades, peut se promettre de ressources. Plus l'état des malades est fâcheux, plus il offense la délicatesse des sens de ceux qui leur doivent des soins, plus aussi l'intérêt qu'ils inspirent est pressant, plus l'humanité revendique impérieusement, en leur faveur, ses droits les plus sacrés. Alors les humeurs viciées deviennent un foyer de mauvais levain qui tend toujours à pervertir les autres ; mais les intestins, vers lesquels ils affluent, et par la voie desquels doit s'en faire l'excrétion, sont menacés eux-mêmes de désorganisation. C'est donc sur eux qu'une partie des remèdes sera dirigée. Ceux-ci doivent être tels que l'organe lui-même ne souffre pas par les moyens destinés soit à corriger, soit à expulser les humeurs dépravées qui le macèrent ou le corrodent :

Horreur qu'inspire la maladie ; intérêt qu'inspirent les malades.

Appliquons à ces circonstances douloureuses le premier aphorisme d'Hippocrate :

C'est ici que « l'occasion est pressante, le juge-
» ment difficile et l'épreuve dangereuse (1). Ce
» n'est pas seulement de ses propres connaissances
» que le médecin doit prendre conseil ; les dis-
» positions du malade, celles des assistans, les
» circonstances mêmes au milieu desquelles il se
» trouve, toutes les ressources du lieu et du

---

(1) Hipp. 1 aphor. sect. 1.

» moment, doivent être mises à contribution pour
» le sauver du danger ».

<small>Usage des analeptiques et des correctifs.</small> Les forces seront soutenues par de doux analeptiques plus ou moins animés, rendus plus ou moins antiseptiques, selon que dominent ou la prostration des forces, ou la perversion putride. La crême de riz à l'eau et au sucre, aromatisée de quelques gouttes d'eau de fleur d'orange, les acides végétaux, le vin, la thériaque à petite dose, mêlée à l'ipécacuanha ; le quinquina, le simarouba et tous les moyens analogues à ceux-ci, sont employés et variés selon l'effet qu'ils produisent, et qu'on a lieu d'en espérer d'après les observations dont chaque jour présente le résultat.

Les lavemens, soit calmans, soit détersifs et antiseptiques, sont prescrits selon les forces et les indications.

<small>Correspondance de la peau avec les intestins.</small> C'est dans ces extrémités fâcheuses qu'il importe de ne pas perdre de vue la correspondance de l'organe cutané avec les intestins. On connaît, depuis Hippocrate, leur influence réciproque, et l'on sait que dans les maladies des intestins les plus désespérées, le rétablissement des fonctions de la peau a souvent arraché à la mort des victimes qui lui semblaient dévouées.

<small>Avantages de la transpiration.</small> L'exacte propreté de toute l'habitude du corps, mais sur-tout celle des extrémités inférieures ; de douces frictions sur l'abdomen, et des frictions plus décidées sur les bras, mais principalement sur les jambes et les cuisses, peuvent rappeler une transpiration

piration salutaire. Indépendamment des diaphoré-
tiques, dont l'usage est familier, s'il est un moyen
d'obtenir la révulsion avantageuse qu'on se pro-
pose, c'est l'opium manié par une main habile
et exercée. On a reproché à *Sydenham* d'avoir abusé
de ses parégoriques ; mais les succès constans d'une
longue pratique ne déposent-ils pas en faveur de
la sienne ? A-t-on bien réfléchi à l'effet subséquent
d'un purgatif, qui est d'attirer toutes les humeurs
vers le lieu où il a produit son action irritante ?
a-t-on bien calculé ensuite que cet opium, donné
après la purgation, sous le prétexte de *calmer l'ir-
ritation* produite par le séné, n'avait réellement
d'autre but que de ramener, à la peau, l'insensible
transpiration que le purgatif avait détournée vers
les intestins ?

Usage des opiatiques.

Cette idée n'a pas besoin de commentaire. Nos
collègues, dont la plupart ont été à portée de
l'apprécier aux armées des Pyrénées, sauront
l'adapter, en Italie, aux malheureux dyssenteriques.
Nous nous contenterons de rappeler que si l'opium,
pour obtenir quelque succès dans les maladies
vénériennes, a dû rester dans son intégrité et
doué de tous ses principes constitutifs ; dans l'occasion dont il s'agit, la partie gommeuse extraite
à l'eau froide, et séparée de la résine, où réside
la qualité vireuse particulière à ce suc (1), est
celle à laquelle on devra un succès diaphorétique

Extrait gommeux d'opium.

―――――――――――――

(1) Bucquet, Mém. de la soc. de méd, t. 1, p. 399.

D

dont l'avantage est confirmé par de nombreuses observations.

Témoignages en sa faveur. *Degner*, *Zimmermann*, *Pringle*, *Monro*, et presque tous ceux qui ont traité de la dyssenterie, ont fait mention des bons effets de l'opium. *Ramazzini* lui attribue de grands succès dans l'épidémie qui eut lieu aux environs de Modène, en 1693, et qui avait succédé à une fièvre pétéchiale (1). Notre collègue Lorentz, médecin en chef de l'armée du Rhin, rapporte dans son excellent ouvrage sur les maladies d'un mauvais genre qui avaient régné, à la même armée, en 1757, les heureux effets du laudanum dans les dyssenteries (2).

Théorie surannée. Les médecins qui avaient précédé ceux-ci, eurent, avec une théorie analogue aux principes de leur temps, une pratique tendant au même but. Les *Graaf*, les *Bontekoe*, les *Etmuller*, persuadés que la cause de ces affections consistait dans un *acide volatil, corrosif, effréné* et *réalgarin*; pour le *dompter*, le *briser*, l'*annihiler*, recouraient aux sels *volatils*, comme propres à chasser le mal par les pores (3).

Le caractère rhumatismal n'est pas celui de la dyssenterie. L'opinion que nous présentons aux méditations de nos collègues, n'a rien de commun avec le système d'après lequel on voudrait faire considérer toutes les dyssenteries comme *rhumatismales*, quoique

---

(1) Ramazz. *Constit. urb.* 1693.. n.º 33.
(2) *Morbi deterioris notæ. trans. Rhenum.* cap. 5, *de dysent.*
(3) Ramazz. *de morb. cast.*

Stoll, qui a écrit avec sagesse quelques observations sur une épidémie particulière dans laquelle il avait cru reconnaître ce caractère, ait plusieurs fois répété, dans son traité de la dyssenterie, que c'est seulement de celle-là qu'il parle, et qu'il n'entend pas établir une doctrine exclusive (1)

Peut-être l'opiniâtreté des cours de ventre, dans les saisons froides et pluvieuses, tient-elle au défaut de la transpiration, tandis qu'on a remarqué en général que les épidémies dyssenteriques qui reconnaissent pour cause la chaleur et la sécheresse de l'air, ont une terminaison plus prompte et sont moins sujettes à dégénérer. C'est ainsi que *Ramazzini* observa que les cours de ventre, dans l'épidémie rurale de 1690, avaient été plus dangereux et plus rebelles que la véritable dyssenterie, dont ils avaient été précédés. Il en fut de même à l'armée d'Italie en 1734 (2). {Cours de ventre quelquefois plus rebelles que la dyssenterie.}

Dans les fièvres humorales et dans celles dont l'abattement des forces était le signe le plus marqué, Lancisi ne saignait point; après avoir dégagé les premières voies, il insistait sur les toniques, les vésicatoires; et vers la fin, il donnait un peu de quinquina comme stomachique. {Fièvres humorales.}

On sait que les causes les plus évidentes de la prostration nerveuse, qui est le caractère principal de toutes les fièvres pernicieuses, est la chaleur de

---

(1) Stoll, *de nat. et indole dysent.* p. 131. *Rat. med.* part. 3.
(2) Dezon. lettre VIII, p. 219.

l'air jointe à l'humidité du sol. C'est pour cela que la saignée est proscrite de leur traitement ; au moins n'y trouverait-elle sa place que par des exceptions bien rares.

<small>Synoques putrides.</small>

La réunion de ces deux conditions de l'atmosphère contribue beaucoup aussi à déterminer les synoques qu'on appelle putrides, et auxquelles le nom d'*humorales*, de bilieuses ou de *gastriques*, conviendrait souvent davantage. Lorsque celles-ci sont évidemment accompagnées des signes de plénitude et deturgescence, l'émétique, donné dès le commencement, opère la soustraction nécessaire des matières qui surchargeaient les premières voies. En dégageant la nature de l'oppression qui l'accablait, ce remède facilite les efforts salutaires de la fièvre qui conduit à la coction, et dispose à des évacuations, soit spontanées, soit artificielles, qui terminent la guérison. Il n'est pas de praticien exercé, sur-tout au service des hôpitaux, qui ne sache que le succès dont on peut se flatter dans ces maladies, tient principalement à l'opportunité avec laquelle l'occasion de placer l'émétique a pu être saisie dans le commencement. Les acides et les moyens secondaires qu'on emploie dans le cours de la maladie, contribuent sans doute à corriger le vice des humeurs, et à relever les forces. Mais c'est l'émétique qui a porté le coup décisif, non-seulement par la secousse salutaire communiquée à tout le système, mais encore en ôtant le poids sous lequel eût été accablée la force de la vie.

<small>Première donnée de succès dans leur traitement.</small>

Le mot de malignité, comme l'a avancé *Sydenham*, a été plus funeste au genre humain que l'invention de la poudre à canon, alors surtout que ce mot était pris dans le sens des qualités occultes, ainsi que l'étaient les innombrables alexipharmaques spécifiquement adaptés à chaque genre de malignité. *{Fièvres malignes.}*

Morton est le premier qui, sous le masque de diverses maladies imposantes, a reconnu le caractère *altéré* de fièvre intermittente. C'est lui qui, réduisant à des idées plus claires ce qu'avaient déjà entrevu *Mercatus*, *Sennert*, *Mercurial*, *Saxonia* et *Rivière*, de Montpellier, a ouvert à l'immortel *Torti* la carrière dans laquelle celui-ci a marché à pas de géant, mais avec la modestie d'énoncer que *Morton* lui en avait frayé la route (1).

Le caractère pernicieux dans ces fièvres connues sous les noms de *malignes*, de *subintrantes*, de fièvres d'*hôpital*, de *prisons*, &c., consiste principalement dans la modération des premiers symptômes comparés au danger qui leur succède bientôt (2). Des excrétions copieuses, et qu'aucune coction n'a précédées, annoncent la faiblesse du sujet, la longueur de la maladie, ou la difficulté de la guérison (3). De toutes ces fièvres, la *subintrante* est l'une des plus communes et des plus dangereuses. *{Caractère de la subintrante.}*

---

(1) Torti *de febr. pernic.*
(2) *Ibid.* lib. III, cap. 1.
(3) *Ibid.* lib. I, cap. 3.

C'est celle qui, ayant commencé comme une fièvre *intermittente*, devient *continue*, sans cependant en avoir le caractère ; car les *redoublemens* ne sont autre chose que des *accès subséquens* qui commencent avant que le *précédent* ait cessé ; de manière que le malade n'est jamais sans fièvre (1).

Il n'a ni l'espoir d'une coction, comme dans les continues, ni l'avantage de la crise spéciale de chaque paroxisme, comme il arrive dans les intermittentes régulières. Celles-ci sont évidemment salutaires et *dépuratoires* ; il faut les considérer plutôt comme le remède, que comme le mal. Dans les subintrantes, au contraire, tout est *corruptif*, tout tend à la dissolution, tout conspire à jeter le malade dans un état plus pressant et plus dangereux.

Comparaison des fièvres salutaires aux pernicieuses.

« Le pouls y est concentré, petit, déprimé, » quelquefois même plus lent que dans l'état na- » turel, au commencement de la maladie. Dans les » progrès, le pouls ne se développe jamais com- » plétement ; il reste non critique, très-variable, » plus ou moins *tremblant,* suivant l'expression » d'Hippocrate. En un mot, il n'y a rien de fixe » ni de déterminé dans la marche du pouls de la » fièvre maligne, et il est d'autant plus à craindre, » qu'il paraît plus naturel ou plus critique (2) ». Dans les fièvres de ce genre, comme dans les intermittentes comateuses, et en général dans toutes celles connues sous le nom de *mali moris*, ce n'est plus le

---

(1) Torti, lib. V, cap. 3.
(2) Bordeu, Rech. sur le pouls, T. I, chap. 30.

rôle de spectateur de la maladie, ni de ministre de la nature, qui convient au médecin; il doit s'emparer des fonctions d'arbitre (1).

Les maladies régulières sont susceptibles ou d'expectation, ou d'un *processus* méthodique dans les moyens. Ici il n'y a pas d'espoir de voir la maladie se juger; il est instant que le médecin la juge (2); et si jamais remède mérita le nom de spécifique, le quinquina doit l'obtenir dans ces circonstances. Il faut donc le donner promptement et à forte dose, c'est-à-dire, de six gros à-la-fois, et répétés deux fois dans l'intevalle entre la légère rémission d'un accès et l'arrivée d'un autre; sans s'occuper des contre-indications, parce que tous les accidens secondaires cèdent à l'action apyrétique du remède (3).

La subintrante exige promptement le quinquina.

Les formes sous lesquelles on administre le quinquina dans d'autres fièvres, la dose à laquelle on le prescrit, varient à l'infini, et peuvent être arbitraires. Dans celle-ci, *Sydenham*, *Morton*, *Werlhof* et *Torti* s'accordent à vouloir qu'il soit donné en substance et sous la forme la plus simple (4).

Sous la forme la plus simple.

Depuis que cette pratique est plus répandue,

---

(1) Torti, lib. IV, cap. 5.

(2) *Ibid.* lib. IV, cap. 5.

(3) Torti, lib. II, cap. 8, N.º 8.—Sarcone, *Istoria ragionata de mali osservati in Napoli*, &c. — Cleghorn, *Observations on the épidémical diseases in Minorca*, &c. — Baumes, *mém. sur l'usage du quinquina dans les fièvres rémittentes.*

(4) *Ibid.* lib. I, cap. 7.

ses succès l'ont accréditée ; et si nos collaborateurs se trouvent, comme il est possible, dans le cas d'en faire usage, nous sommes bien persuadés qu'ils éviteront le double reproche fait par *Torti* aux officiers de santé qui avaient accompagné en Italie les troupes françaises, à la fin du siècle dernier. Ils rendirent très-opiniâtres des fièvres intermittentes simples pour lesquelles ils prodiguèrent le quinquina, tandis qu'ils n'osèrent en prescrire à ceux qui furent attaqués de fièvres pernicieuses (1); de sorte que leur réserve eut encore des suites plus funestes que l'imprudence avec laquelle ils avaient employé le quinquina dans les fièvres du printemps et du commencement de l'été, qui se servent communément de remède à elles-mêmes (2).

Usage et abus de ce remède.

Ramazzini cite, d'après les Éphémérides d'Allemagne, un exemple où l'administration imprudente de ce remède jeta dans l'hydropisie 400 soldats français, campés en été auprès de Manheim (3).

Alliage des purgatifs aux fébrifuges.

Si les fièvres intermittentes régulières cèdent souvent aux évacuations naturelles ou artificielles, l'expérience a démontré, sur-tout lorsqu'on a eu recours au quinquina, que les évacuations ne se renouvellent pas sans rappeler les accès. C'est ainsi qu'une imprudence remédie quelquefois à une autre.

---

(1) Torti, lib. IV, cap. 5.
(2) *Ibib.* lib. IV, cap. 5.
(3) Ramazz. *de ab. kin.* 178.

Nous observons que *Passerat-la-Chapelle*, premier médecin de l'armée française à Minorque, en 1758, et qui avait servi, en 1735, à celle d'Italie, alliait presque toujours quelques purgatifs au quinquina, dans le traitement des fièvres intermittentes. Comme il n'excepte pas de cette méthode les fièvres de ce genre qu'il appelle *malignes*, il est probable qu'il la leur adaptait aussi. — Au reste, ce médecin affirme que les émétiques antimoniaux conviennent rarement, en été, à Minorque. Il craignait qu'ils n'augmentassent l'état de spasme et de phlogose. Les nausées et la turgescence le décidaient plutôt pour l'usage des huileux associés aux purgatifs (1). Les principes que nous avons établis ne nous permettent pas de croire que cet exemple doive être imité.

Opinion de Passerat-la-Chapelle.

Mais en général les fébrifuges proprement dits ne sont pas des évacuans. Il est facile de s'en convaincre, en parcourant la longue série des remèdes employés, sous ce titre, avant la découverte du quinquina, en y comprenant même les moyens superstitieux, tels que les amulettes (2). Il n'est pas surprenant que des remèdes d'une nature si opposée produisent des effets si différens.

Les fébrifuges ne sont pas évacuans.

Mais aussi la réflexion, de concert avec l'expérience, indique-t-elle que plus les fièvres se rapprochent du caractère des continentes et des

Emploi des uns et des autres.

---

(1) Réflex. gen. sur Minorque, 1764.
(2) Torti, lib. I, cap. 3.

synoques, plus les évacuans leur conviennent, moins le quinquina y aurait de succès, tandis qu'il en a toujours un plus décidé dans les affections qui tiennent au caractère rémittent ou intermittent, comateux, enfin dans toutes les fièvres qu'on appelle *pernicieuses* (1). Les avantages du quinquina et des vésicatoires sont aujourd'hui trop connus, pour qu'on puisse hésiter dans la prompte application de ces moyens victorieux. La cause disposante et déterminante de ces fièvres, leur signe pathognomenique, leur symptôme le plus effrayant étant la *prostration de forces*, tout ce qui peut concourir, tant à l'extérieur qu'à l'intérieur, à relever les systèmes musculaire, nerveux et lymphatique, de l'affaissement où ils sont, doit produire un effet salutaire.

<small>Usage et abus du quinquina et des vésicatoires.</small>

Torti, que nous avons si souvent cité, et *Baglivi*, qu'on ne saurait citer trop souvent, n'ont rien laissé à desirer, l'un sur les avantages et les désavantages du quinquina, l'autre sur l'usage et l'abus des vésicatoires. Ceux-ci conviennent

<small>Utilité des vésicatoires.</small>

dans toutes les affections malignes où il est nécessaire de fondre, d'atténuer, de détourner ou d'exciter (2). Quant à l'écorce du Pérou, sa recommandation est dans ses succès, qu'il est plus facile d'admirer que d'expliquer, comme l'a dit élégamment *Ramazzini* (3).

---

(1) Torti, lib. V , cap. 2 et 4.
(2) Bagliv. *de us. et ab. vesic. ad calcem.*
(3) *De abus. kin. dissert. epist.* t. 1 , p. 150.

Le quinquina réussit moins bien dans les constitutions des saisons froides et humides ; — ses succès sont plus assurés chez ceux qui vivent sobrement et qui s'exercent, parce que s'il reste quelque chose de la maladie, l'exercice l'entraîne par les sueurs (1).

Divers succès du quinquina.

L'obstruction des viscères a été trop souvent la suite de ces fièvres imprudemment *coupées*, pour se servir de l'expression vulgaire ; et il est trop heureux alors que la nature, en ramenant les accès, redouble d'efforts pour se débarrasser et des premiers obstacles, et de ceux qu'a ajoutés une pratique si contraire à son vœu.

Les livres de médecine et la tradition sont également inépuisables sur les exemples, tant funestes qu'heureux, relatifs au quinquina. Si *Willis* l'appelle une *médecine trompeuse* (2), *Morton* n'hésite pas de dire que l'arbre qui le produit est le véritable *arbre de vie* (3). Mais ceux qui se plaignent de ses mauvais effets, sont-ils bien assurés de n'avoir employé que de *vrai quinquina*, depuis surtout qu'il est devenu aussi rare ? l'ont-ils toujours administré avec les précautions et dans les circonstances convenables ? Nous pensons que, dans les *fièvres pernicieuses*, cette écorce serait difficilement remplacée par ses succédanées, mais que dans une infinité d'autres cas, il est en France,

Éloges et blâmes dont il a été l'objet.

Substitution d'indigènes.

---

(1) *Id. comt. ep.* 1691.
(2) Willis *de febrib. cap.* 6.
(3) Morton. *Pyretol.*

et dans le reste de l'Europe, beaucoup d'indigènes qui pourraient lui être substitués avec avantage. Nous espérons même que nos collègues ne négligeront pas, en Italie, l'occasion d'augmenter nos richesses en ce genre.

Crises par la transpiration.

Nous les invitons à ne jamais perdre de vue que la transpiration étant plus abondante dans ces climats, sa suppression doit être plus nuisible (1), et que lorsqu'elle est entretenue d'une manière modérée, il est possible qu'elle forme la crise de beaucoup de maladies aiguës, et qu'elle serve de remède à quelques affections chroniques, ou au moins qu'elle en prévienne les effets ultérieurs. C'est ainsi qu'il en est de maladies vénériennes, ou légères, ou considérées comme reliquats d'ancien vice syphilitique.

Maladies psoriques.

Si la gale est très répandue dans l'armée, et que les opérations de la guerre exigent une activité continue, la saison et le climat, à raison de la sécrétion et de l'excrétion dont on vient de parler, permettent d'ajourner les traitemens après l'époque des victoires. On présume même qu'alors la guérison n'en serait que plus radicale et plus définitive.

Mais si les galeux sont en petit nombre, il sera certainement plus prudent et plus économique de les séparer, et d'accélérer leur guérison d'après l'instruction adoptée par le Ministre, le 3 floréal

---

(1) *Alp. de med. d'Egypt.* lib. I, cap. 18.
Sanct. aph. 28, sect. 2. et 78, sect. 1.

dernier. C'est principalement dans les pays chauds qu'elle est susceptible d'une exécution complète.

Des symptômes nerveux se joignent assez souvent, dans les climats chauds, aux blessures et aux maladies chirurgicales. Nos collègues sauront y adapter le régime et les autres moyens convenables (1) ; mais nous prévenons ceux qui n'en seraient pas encore instruits par l'expérience, que parmi les calmans qu'ils pourront employer, ceux qui sont tirés de l'opium ne peuvent être donnés qu'avec une grande réserve. La gangrène est une des terminaisons que l'abus de l'opium semble favoriser. Cette observation relative aux blessures graves avec déperdition de substances, n'est pas en contradiction avec ce que nous avons dit à l'article de la dyssenterie. *Maladies chirurgicales. Dangers de l'opium.*

Mais nous n'oublierons pas de rappeler que parmi les secours à employer dans les gangrènes qui surviennent sur-tout aux vénériens dans les pays chauds, les acides végétaux, à l'extérieur, et principalement celui de citron, ont obtenu les plus grands succès. *Acides végétaux dans les gangrènes externes.*

Des expériences récentes et heureuses prouvent qu'il en est de même de l'ortie-grièche (*urtica urens*), pilée à froid avec le sel marin et l'eau-de-vie, appliquée à nu en forme de cataplasme. On *Utilité de l'ortie-grièche.*

---

(1) Nous faisons passer à l'armée d'Italie cent exemplaires du mémoire sur le Tétanos, par notre collègue *Heurteloup*, qui réitère, ainsi que nous le faisons, ses instances aux officiers de santé des armées, pour l'aider à compléter ce travail en l'enrichissant de leurs observations.

a cru reconnaître que ce topique n'a pas eu, dans les gangrènes scorbutiques, le même succès que dans celles de cause vénérienne.

Réserve sur les mercuriaux.

Si les mercuriaux doivent être employés avec circonspection, c'est plutôt encore dans les contrées méridionales que dans celles du nord. En Italie, la maladie vénérienne exige peut-être, dans beaucoup de circonstances, un traitement mixte pour éviter les inconvéniens qu'on reproche au mercure.

Utilité des végétaux dans le scorbut.

Par-tout où se trouvent des eaux stagnantes, les végétaux crucifères sont abondans. Les différentes formes sous lesquelles ils peuvent être employés, et l'utilité de leur mélange avec les acides, trouveront leur application dans les affections scorbutiques.

Pratique endémique.

Enfin il est dans chaque pays une pratique *endémique*, pour ainsi dire, comme les maladies qui y sont familières. C'est l'expérience qui en a consacré l'usage, lorsque la raison des savans adopte avec motifs l'habitude de l'empirisme. Telle est, en Italie, celle des ventouses scarifiées (1), qui paraît si bien adaptée à la raréfaction du sang qui y est si commune. *Oribase*, qui rendit de grands services à l'empereur *Julien*, et qui éprouva toute l'ingratitude de ce tyran, attribue aux ventouses, dont l'usage fut très-fréquent au cinquième siècle, pres-

Ventouses.

_____

(1) Lancisi *de nox. pal. effluv.* lib. II, cap. 9.

que tous les bons effets que nous reconnaissons dans les vésicatoires (1).

Eaux minérales

Les eaux minérales froides et thermales, comme nous l'avons exposé dans les notions topographiques, sont un bienfait que la nature a répandu avec profusion en Italie. Dans la guerre de 1734, l'armée française se servit avec avantage de celles d'*Acqui* dans le Piémont.

Nous n'en rassemblerons pas ici la nomenclature, puisque nos collaborateurs de l'armée d'Italie sont plus à portée que nous ne le sommes de connaître tout ce qui est relatif aux eaux minérales dans le voisinage desquelles se trouveront les troupes dont la santé est confiée à leurs soins.

Nous les renvoyons au reste à l'instruction adoptée par le Ministre, le 13 floréal dernier. Ils en appliqueront les dispositions aux circonstances ; et nous sommes persuadés qu'ils ne négligeront rien pour procurer à la médecine militaire de bonnes analyses et de bonnes observations sur les effets *thérapeutiques* de ces eaux.

Observations à faire par les officiers de santé.

Nous ne terminerons pas ces conseils, tracés à la hâte par le zèle, et transmis par la confiance à nos collaborateurs, sans les inviter à profiter de l'occasion favorable qui leur est offerte, de comparer le pays qu'ils parcourent, aux descriptions qui nous en ont été données en divers temps ; à en examiner les productions, à observer les mœurs et les

_____

(1) *Collec. med.* lib. VII. cap. 17.

habitudes des Italiens, tant en santé qu'en maladie.

Ce pays fut le théâtre des sciences et le second berceau des lettres. L'art de guérir y a toujours compté et y compte encore des hommes qui en ont honoré la profession par leur savoir, leur zèle et leurs vertus. Nous ne saurions trop exhorter nos collègues à rechercher les professeurs et les praticiens des différentes branches de l'art de guérir, à visiter leurs hôpitaux, à profiter de leurs découvertes, et à leur faire généreusement part de celles faites en France.

Avantages des communications avec ceux d'Italie.

L'urgence des besoins, à notre entrée en Italie, a pu faire donner l'ordre de recevoir nos malades et nos blessés dans les hôpitaux du pays. Quelque confiance que nous ayions dans les lumières et les talens des hommes de l'art qui les dirigent, l'inhabitude de notre langue, de nos mœurs, de nos usages, présenterait beaucoup d'inconvéniens si on les chargeait du service. Grace à leurs écrits, nous connaissons leur climat; nous devons les consulter et profiter de leurs conseils; mais la prescription immédiate des remèdes et des alimens ne peut être qu'entre les mains des officiers de santé de l'armée. Ils sauront bientôt tourner au profit de nos frères d'armes la confiance qu'ils auront inspirée aux hommes de l'art, en Italie. Les sciences, la philosophie et l'humanité, sont faites pour rapprocher les ennemis; car, au milieu même des horreurs de la guerre, la voix de l'humanité et de la sagesse doit se faire entendre, sur-tout lorsqu'elle part de

la

la bouche de ceux qui reconnaissent la fraternité et l'égalité pour les bases de la société entre les hommes.

Les inspecteurs généraux du service de santé des armées,

COSTE, BIRON, HEURTELOUP, VILLAR, BAYEN, PARMENTIER.

VERGEZ, *secrétaire.*

LE Ministre de la Guerre approuve l'Instruction ci-dessus, pour être sur-le-champ imprimée, distribuée aux officiers de santé de l'armée d'Italie et des Alpes, et envoyée à ceux des autres armées. Elle sera adressée aux généraux, aux officiers de l'état-major, aux commissaires des guerres, et aux conseils d'administration des corps armés. Dans les occasions susceptibles de l'application des conseils préservatifs contenus dans la seconde partie, les commandans, sur l'avis et d'après la rédaction des officiers de santé, feront mettre, plusieurs jours de suite, à l'ordre, l'extrait de ces conseils; et donneront, pour leur exécution, les consignes nécessaires.

A Paris, le 23 Prairial de l'an IV de la République.

PETIET.

www.ingramcontent.com/pod-product-compliance
Lightning Source LLC
LaVergne TN
LVHW051515090426
835512LV00010B/2531